BEI GRIN MACHT SICH IHR
WISSEN BEZAHLT

- Wir veröffentlichen Ihre Hausarbeit,
  Bachelor- und Masterarbeit

- Ihr eigenes eBook und Buch -
  weltweit in allen wichtigen Shops

- Verdienen Sie an jedem Verkauf

Jetzt bei www.GRIN.com hochladen
und kostenlos publizieren

Bibliografische Information der Deutschen Nationalbibliothek:

Die Deutsche Bibliothek verzeichnet diese Publikation in der Deutschen National-bibliografie; detaillierte bibliografische Daten sind im Internet über http://dnb.d-nb.de/ abrufbar.

Impressum:

Copyright © 2017 GRIN Verlag, Open Publishing GmbH
Druck und Bindung: Books on Demand GmbH, Norderstedt Germany
ISBN: 9783668573550

Dieses Buch bei GRIN:

http://www.grin.com/de/e-book/380601/darstellung-der-ehelichen-gueterstaende-und-deren-auswirkungen-auf-die

Eduard Buscholl

Darstellung der ehelichen Güterstände und deren Auswirkungen auf die Erbschaft- und Schenkungsbesteuerung

GRIN Verlag

GRIN - Your knowledge has value

Der GRIN Verlag publiziert seit 1998 wissenschaftliche Arbeiten von Studenten, Hochschullehrern und anderen Akademikern als eBook und gedrucktes Buch. Die Verlagswebsite www.grin.com ist die ideale Plattform zur Veröffentlichung von Hausarbeiten, Abschlussarbeiten, wissenschaftlichen Aufsätzen, Dissertationen und Fachbüchern.

Hausarbeit

WS 2017/2018

Besteuerung der Vermögensnachfolge

Thema 2:

Darstellung der ehelichen Güterstände und deren Auswirkungen auf die Erbschaft- und Schenkungsbesteuerung (Todesfall und unter Lebenden)

Eduard Buscholl

Studiengang Betriebswirtschaft/Steuern und Wirtschaftsprüfung

Abgabetermin: 26.10.2017

Inhaltsverzeichnis

Abkürzungsverzeichnis[1]

a.a.O.	am angeführten Ort
BFH	Bundesfinanzhof
BGH	Bundesgerichtshof
ebd.	Ebenda (zitiert nach der letzten Quelle)
iVm	In Verbindung mit
MüKoBGB	Münchner Kommentar zum BGB
MüKoZPO	Münchner Kommentar zur Zivilprozessordnung

---

[1] Darüber hinaus gelten alle im allgemeinen Schriftverkehr gebräuchlichen Abkürzungen. Das Gilt auch für die im Steuer- und Zivilrecht anzutreffenden Abkürzungen der Einzelgesetze (AO, BGB, EStG, ErbStG, KStG, UStG u.a.).

Abbildungsverzeichnis

1 Problemstellung

Es ist nicht unüblich, dass Ehegatten sich zu ihren gegenseitigen Alleinerben bestimmten, falls einer der beiden Partner stirbt. Als prominentes Beispiel der letzten Monate, kann der Erbfall des Altkanzlers Helmut Kohl herangezogen werden.[2] Aus dem Erbschein, den das Nachlassgericht in Ludwigshafen am Rhein im August diesen Jahres ausgestellt hatte, ging hervor, dass der gesamte Nachlass an Kohls zweite Frau, Maike Kohl-Richter, vererbt werden sollte. Mit Kohls Söhnen aus erster Ehe, zu denen das Ehepaar kein gutes Verhältnis mehr gepflegt habe, soll die Erbfrage noch zu Lebzeiten des im Juni 2017 Verstorbenen geklärt worden sein. SPIEGEL Angaben zufolge, sollen die beiden Söhne je 400.000 Euro und deren jeweiliges Kind je 100.000 Euro erhalten haben. Im Gegenzug hatten die Söhne Walter und Peter eine Pflichtteils-Verzichtserklärung unterschrieben. Diese Summe soll auch in etwa dem Pflichtteil entsprochen haben. Das dabei die steuerlichen Freibeträge des § 16 Abs. 1 Nr. 2 und Nr. 3 ErbStG eingehalten wurden zeigt die Sinnhaftigkeit einer steuerlichen Beratung bei hohen Erbschaften.[3] Das im vorstehenden Fall eine Vielzahl von erbschaftsrechtlichen Aspekten angesprochen wird, verdeutlicht wie vorteilhaft eine frühzeitige Auseinandersetzung mit diesem Thema sein kann. So ersparten sich die beteiligten Kohl-Erben durch die Gestaltungsmöglichkeit der Schenkung eine kostspielige Auseinandersetzung vor Gericht. Das es aber auch noch eine Reihe anderer Regelungen gibt, die die Erbschaft und Schenkung betreffen, lässt dieser Fall nur erahnen. Die nächste Frage die sich stellt, betrifft die steuerlichen Folgen für die Witwe Maike Kohl-Richter.

Diese Hausarbeit soll im folgenden Kapitel einen Überblick der ehelichen Güterstände aus zivilrechtlicher Sicht vermitteln. Das dritte Kapitel behandelt die erbschaft- und schenkungsteuerrechtlichen Konsequenzen, die mit dem jeweiligen Güterstand verbunden sind. Mit einer abschließenden Betrachtung schließt die Ausarbeitung.

---

[2] Vgl. SPIEGEL ONLINE (URL2017).
[3] Bei den Söhnen wurden die Freibeträge jeweils in voller Höhe ausgenutzt. Die beiden Enkel hätten jeweils einen Freibetrag von 200.000 Euro, der aber nur zur Hälfte genutzt wurde. Bedenkt man, dass die Enkel im Grunde keinen Pflichtteilsanspruch haben, da ihre beiden Väter noch leben (§ 2303 Abs. 1 BGB iVm § 1924 Abs. 2 BGB), kann man davon ausgehen dass der jeweilige Pflichtteil der Söhne 500.000 Euro betragen hat (je 1/8) und der gesamte Nachlass somit in etwa bei 4 Mio. Euro gelegen haben könnte.

2 Eheliche Güterstände im Zivilrecht

Unter dem Begriff „eheliche Güterstände", werden sämtliche Auseinanderset-zungstatbestände geregelt, die das Vermögen der Eheleute sowie seine Verwal-tungs- und Verfügungsrechte betreffen.[4] Dies gilt sowohl während der Ehe, als auch danach (ebd.). Wird eine Ehe geschlossen, kennt das BGB drei Güterstände. Dabei kann sowohl die „Gütertrennung", als auch die „Gütergemeinschaft" durch einen privatautonomen Vertrag zwischen den Ehegatten gewählt werden. Unterbleibt die Inanspruchnahme der Vertragsfreiheit gilt die „Zugewinngemeinschaft" als or-dentlicher Güterstand der Ehe.[5]

Abb. 1: Eheliche Güterstände im BGB

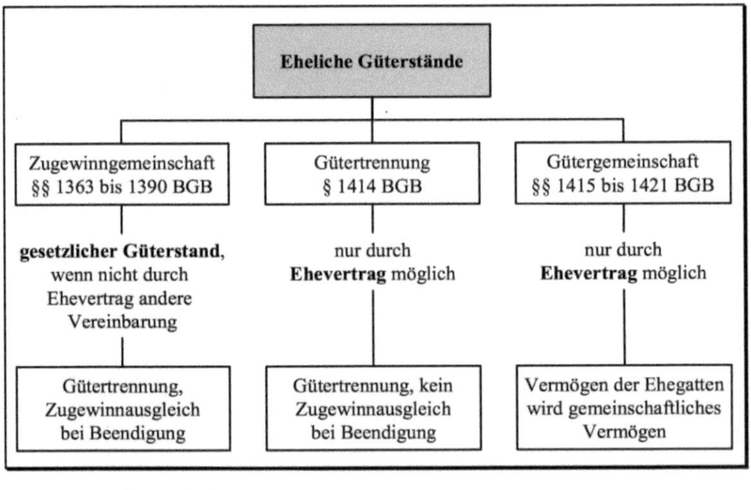

Quelle: Djanani (2006), S. 50

Dabei gilt es zu beachten, dass das Gesetz typologisch zwischen dem System der „Gütertrennung" und jenem der „Gütergemeinschaft" unterscheidet (a.a.O.). Auf-grund der Gleichberechtigung zwischen Mann und Frau wurde 1958 der Güterstand der „Zugewinngemeinschaft" eingeführt, welcher dem System der Gütertrennung zuzuordnen ist.[6]

---

[4] Vgl. Gottwald in: Rauscher u.a. (Hrsg.), MüKoZPO, 2017, VO (EU) 1215/2012 Art. 1, Rdnr. 14.
[5] Vgl. Koch in: Säcker u.a. (Hrsg.), MüKoBGB, 2017, Titel 6. Eheliches Güterrecht, Rdnr. 1.
[6] Vgl. ebd., Rdnr. 4, 22. Eine andere Bezeichnung für die „Zugewinngemeinschaft" lautet: „Güter-trennung mit Zugewinnausgleich", vgl. Djanani (2006), S. 51.

2.1 Gesetzlicher Güterstand – Die Zugewinngemeinschaft

Ohne Ehevertrag, gilt die Zugewinngemeinschaft als gesetzlicher Güterstand (§ 1363 Abs. 1 BGB).[7] Dies sorgt aber nicht zu einer Verschmelzung der Vermögensmassen. Auch während der Zugewinngemeinschaft können beide Ehepartner eigenständige Verträge schließen und alleiniges Eigentum an Gegenständen und Rechten erwerben (§ 1363 Abs. 2 S.1 BGB).[8] Nach Beendigung des Güterstands (z.B. durch Aufhebung, Scheidung oder Tod), erhält der überlebende Ehegatte einen finanziellen Ausgleich des in der Ehe erwirtschafteten Vermögens (§ 1363 Abs. 2 S. 2 BGB).[9] Endet der Güterstand der Zugewinngemeinschaft durch den Tod eines Ehepartners, gibt es gesetzlich zwei Möglichkeiten, wie der Zugewinnausgleich zustande kommen kann:

Abb. 2: Arten des Zugewinnausgleichs beim Tod eines Ehegatten

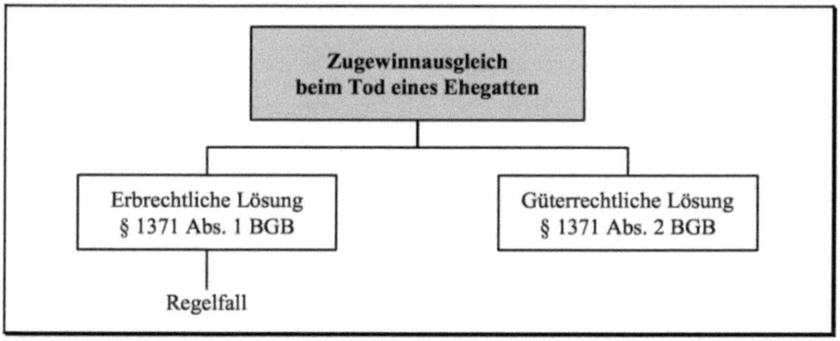

Quelle: Djanani (2006), S. 52

2.1.1 Erbrechtlicher Zugewinnausgleich

Um die pauschale Erhöhung um weitere 25 % der Erbmasse zu erhalten, muss der überlebende Ehegatte gesetzlicher Erbe sein und darf die Erbschaft nicht ausschlagen.[10] Diese Erhöhung führt wegen des gesetzlichen Ehegattenerbteils nach § 1931 Abs. 1 BGB zu einem Anteil am Nachlass des verstorbenen Ehepartners in Höhe von 50 %.[11] Darüber hinaus kann sich der Erbanteil des überblenden Ehegatten um ein weiteres Viertel erhöhen, wenn keine Erben 1. Ordnung vorhanden wären.

---

[7] Vgl. Djanani (2006), S. 50. Selbiges gilt analog für eingetragene Lebenspartnerschaften gem. § 6 des Lebenspartnerschaftsgesetzes.
[8] A.a.O., man spricht auch vom „Trennungsprinzip".
[9] Vgl. Koch in: Säcker u.a. (Hrsg.), MüKoBGB, 2017, BGB § 1363, Rdnr. 1.
[10] Vgl. Djanani (2006), S. 53.
[11] Gem. § 1931 Abs. 3 BGB.

Bei Erben 1. Ordnung handelt es sich um Abkömmlinge des Erblassers, also seine Kinder und Enkelkinder (§ 1924 BGB). Fehlt es daneben auch an Erben 2. Ordnung[12] und Großeltern des Verstobenen, viele der gesamte Nachlass auf den verbleibenden Ehepartner (a.a.O.). Unbeachtlich bei der „erbrechtlichen Lösung" bleibt, wieviel jeder Ehegatte zur Vermögensmehrung beigetragen hat. Unter Umständen kann eine Geltendmachung des tatsächlichen Zugewinns günstiger sein. Problematisch wäre dabei allerdings die Höhe des Anfangsvermögens des Verstorbenen korrekt zu ermitteln, da in der Regel keine Dokumentation des Vermögensbestands zu Beginn der Ehe vorliegt. Insofern war es auch im Sinne des Gesetzgebers eine gut praktikable Lösung für solche Fälle umzusetzen.[13]

2.1.2 Güterrechtlicher Zugewinnausgleich

Hinterlässt der Erblasser ein Testament oder Vermächtnis und wird der/die Witwe/r darin nicht bedacht oder sogar ausgeschlossen, entsteht durch die „güterrechtliche Lösung" gem. § 1371 Abs. 2 BGB ein Zahlungsanspruch auf den tatsächlichen Zugewinn. Die güterrechtliche Lösung greift auch, wenn der überlebende Ehegatte die Erbschaft oder das Vermächtnis ausschlägt oder wenn der Güterstand nicht durch Tod eines der Ehegatten beendet wird.[14] Die Berechnung des Zugewinns kann wie schon erwähnt sehr aufwendig werden und richtet sich nach den §§ 1373 ff. BGB. Der Zugewinn ist der Betrag, um den das Endvermögen eines Ehegatten das Anfangsvermögen übersteigt. Dabei werden eigene Erbschaften oder Schenkungen der Ehegatten dem jeweiligen Anfangsvermögen zugerechnet. Seit dem 01.09.2009 kann das Anfangsvermögen auch negativ sein.[15] Das Endvermögen verfolgt die selbe Logik und wird zudem im Falle der Aufhebung oder Scheidung der Ehe um jene Beträge erhöht, die der Ehegatte nach Beendigung des Güterstands unentgeltlich an Dritte zugewendet hat, verschwendet hat oder Ausgaben getätigt hat, die den anderen Ehegatten benachteiligen.[16] Errechnet sich beim güterrechtlichen Zugewinnausgleich von Todes wegen, dass der Zugewinn des verstorbenen Ehegatten höher ist, als der des Überlebenden, hat dieser einen Zahlungsanspruch in Höhe der

---

[12] Hierzu zählen Eltern des Verstorbenen und deren Abkömmlinge (§ 1925 BGB).
[13] Vgl. Djanani (2006), S. 53-54.
[14] Vgl. ebd. S. 55-56.
[15] Vgl. Gesetz zur Änderung des Zugewinnausgleichs- und Vormundschaftsrechts (v. 6.7.2009, BGBl. I S. 1696).
[16] Vgl. § 1375 Abs. 2 BGB.

Hälfte der Differenz aus beiden Zugewinnen (§ 1378 BGB). Der Zahlungsanspruch richtet sich gegen die Erben des Verstorbenen und stellt für diese eine Nachlassverbindlichkeit (§ 1967 BGB) in Form einer Geldleistung dar.[17]

2.2 Vertraglicher Güterstand – Die Gütertrennung

Hegen Ehepaare den Wunsch den gesetzlichen Güterstand von Beginn an auszuschließen oder während der Ehe aufzuheben, tritt der Güterstand der „Gütertrennung" ein. Selbes gilt, falls im Ehevertrag[18] der Zugewinnausgleich ausgeschlossen wird oder die Gütergemeinschaft aufgehoben wird (§ 1414 BGB).

2.3 Vertraglicher Güterstand – Die Gütergemeinschaft

Als zweiten vertraglichen Güterstand, kommt die „Gütergemeinschaft" in Betracht (§ 1415 BGB). Hierbei verschmilzt das Vermögen der Eheleute mit Eintritt des Güterstands zu einem gemeinschaftlichen Vermögen und bildet fortan das Gesamtgut (§ 1416 BGB). Unbeachtlich bleibt das Anfangsvermögen jedes Gatten sowie die Frage, wer von Beiden während der Ehe den größeren Anteil zur Vermögensmehrung beitragen wird. Vom Gesamtgut abzugrenzen, ist das Sondergut (§ 1417 BGB), welchem die Eigenschaft fehlt, durch Rechtsgeschäft übertragen werden zu können. Hierzu zählen z.B. nicht abtretbare Forderung (§§ 399, 400 BGB) oder nicht übertragbare dingliche Rechte wie Nießbrauch.[19] Die Verwaltung des Sonderguts obliegt dem jeweiligen Eigentümer, jedoch auf Rechnung des Gesamtguts.[20] Demzufolge fällt aber auch der aus dem Sondergut resultierende Nutzen dem Gesamtgut zu (ebd.). Des Weiteren bleibt das Vorbehaltsgut vom Gesamtgut ausgeschlossen (§ 1318 BGB), was durch den Ehevertrag geregelt werden muss. Hierzu zählen eigene Erbschaften oder Schenkungen von Dritten, sofern dies der Wille des Erblassers oder des Schenkenden war. Auch Rechte und Ansprüche die aus dem Vorbehaltsgut resultieren bleiben Vorbehaltsgut. Anders als beim Sondergut, trägt der jeweilige Eigentümer des Vorbehaltsguts die Kosten der Verwaltung selbst.[21] In der Folge sollen die Erträge aus dem Vorbehaltsgut oder die Vermögensmasse des

---

[17] Vgl. Djanani (2006), S. 56.
[18] Der Ehevertrag bedarf im Allgemeinen der notariellen Beurkundung (§ 1410 BGB).
[19] Vgl. Kanzleiter in: Säcker u.a. (Hrsg.), MüKoBGB, 2017, BGB § 1417, Rdnr. 4.
[20] Vgl. ebd., Rdnr. 7.
[21] Durch § 1413 BGB wird jedoch die Verwaltung des Vorbehaltsguts wie auch des Sonderguts durch den anderen Ehegatten möglich. Vgl. ebd., Rdnr. 6.

Vorbehalts- und Sonderguts auch erst dann zum Unterhalt der Familie verwendet werden nachdem das Gesamtgut aufgebraucht wurde (§ 1420 BGB).[22]

3 Konsequenzen im Erbschaft- und Schenkungsteuerrecht

Aus dem Wortlaut des § 1 Abs. 1 ErbStG geht hervor, dass Erbschaftsteuer und Schenkungsteuer als gleichwertige Steuerarten im ErbStG geregelt sind. Allerdings macht eine begriffliche Differenzierung im Hinblick auf die steuerpflichtigen Vorgänge und ihrer Erwerbvoraussetzungen Sinn.[23] So gibt es zum einen den „Erwerb von Todes wegen" der zur Erbschaftsteuer führt und zum anderen die „Schenkung unter Lebenden", welche schenkungssteuerverhaftet ist und in folgendem Kapitel näher beleuchtet wird.[24]

3.1 Schenkungsteuer

Der Schenkungsbegriff ist im Steuerrecht mittlerweile deutlich weiter gefasst als im Zivilrecht.[25] Nach § 516 BGB gilt eine unentgeltliche Zuwendung durch die jemand einen anderen bereichert als Schenkung, sofern beide Parteien mit der Unentgeltlichkeit der Zuwendung einverstanden sind. In § 7 Abs. 1 ErbStG, der von „Schenkung unter Lebenden" spricht, wird neben der Schenkung des BGB, auch noch eine Reihe weiterer Vorgänge inbegriffen, welche in dieser Norm als Einzelfallkatalog dargestellt werden.[26] Der Grundtatbestand wird in § 7 Abs. 1 Nr. 1 ErbStG wie folgt definiert: „Als Schenkungen unter Lebenden gelten [...] jede freigebige Zuwendung unter Lebenden, soweit der Bedachte durch sie auf Kosten des Zuwendenden bereichert wird." Der Hauptunterschied zwischen Zivil- und Steuerrecht liegt darin, dass es steuerrechtlich nicht relevant ist ob der Beschenkte der Unentgeltlichkeit zustimmt oder nicht. Der Tatbestand der „freigebigen Zuwendung" wird bereits dadurch verwirklicht, dass der subjektive Wille zur Unentgeltlichkeit beim Schenker vorhanden ist und der Beschenkte objektiv auf Kosten des

---

[22] Vgl. ebd., BGB § 1420, Rdnr. 1-2.
[23] Vgl. Meincke (2012), ErbStG, § 1, Rdnr. 1-2.
[24] Vgl. ebd., als weitere steuerpflichtige Vorgänge werden „Zweckzuwendungen" und „das Vermögen einer Familienstiftung" genannt. Letzteres stellt allerdings eher eine Vermögensbesteuerung als eine Vorgangsbesteuerung dar.
[25] Vgl. Gebel in: Troll u.a. (Hrsg.), 2017, ErbStG, § 7, Rdnr. 2.
[26] Vgl. Djanani (2006), S. 213.

Zuwendenden bereichert ist.[27] Im Zusammenhang mit der Ehe, kann Schenkung-steuer bei Vereinbarung der Gütergemeinschaft (§ 1415 BGB) anfallen. Durch § 7 Abs. 1 Nr. 4 ErbStG wird nämlich die Bereicherung, die ein Ehegatte oder ein Le-benspartner durch die Begründung dieses Güterstands erfährt, als Schenkung unter Lebenden klassifiziert. Sieht das Zivilrecht bei „ehebezogenen Zuwendungen"[28] keine Schenkung nach § 516 BGB vor,[29] entschied der BFH gegenteilig und unter-zieht auch „unbenannte Zuwendungen" der Schenkungssteuer.[30] Auch eine vorehe-liche Ausgleichszahlung zwischen den Eheleuten, die wegen eines nachehelichen Teilverzichts[31] auf Unterhalt geleistet wird, gilt als freigebige Zuwendung. Als be-sonderer Schenkungstatbestand kann noch „der Erwerb durch Schenkung auf den Todesfall (§ 2301 BGB)" gem. § 3 Abs. 1 Nr. 2 ErbStG genannt werden, dessen Erwerbsvorgang sich als „Erwerb von Todeswegen" vollzieht und eben nicht als „Schenkung unter Lebenden".[32]

3.2 Beendigung der Ehe von Todes wegen

3.2.1 In der Zugewinngemeinschaft

Der Zugewinnausgleich bei Beendigung der Ehe durch Tod, wird in § 5 Abs. 1 S. 1 ErbStG geregelt. Tritt im Ausgangsfall der überlebende Ehepartner das Erbe an oder wird er Vermächtnisnehmer (d.h. erbrechtliche Lösung nach BGB), erhält er eine zusätzliche[33] Steuerbefreiung des fiktiven Ausgleichsanspruchs, der sich nach der güterrechtlichen Lösung des BGB errechnen würde.[34] Insofern gilt dieser Be-trag, den der Ehegatte auch im Falle der Scheidung erhalten würde, nicht als Erwerb gem. § 3 ErbStG. Ist jedoch abzusehen, dass der Erwerb des überlebenden Partners

---

[27] Vgl. R E 7.1 Abs. 1 ErbStR 2011.
[28] Ein anderer Begriff ist „unbenannte Zuwendung".
[29] Laut BGH fehlt es hierfür an der Unentgeltlichkeit der Zuwendung, vgl. BGH 13.07.1994, FamRZ 1994, 1167, NJW 1994, 2545.
[30] Vgl. de Hesselle in: Scholz u.a. (Hrsg.), 2017, Praxishandbuch Familienrecht, Teil S, Rdnr. 320; BFH 02.03.1994, II R 59/92, BStBl. II 1994, S. 366.
[31] Dies wird im Ehevertrag geregelt. Vgl. BFH 17.10.2007, II R 53/05, BStBl. II 2008, S. 256.
[32] Vgl. Meincke (2012), ErbStG, § 3, Rdnr. 57.
[33] Die allgemeine Steuerbefreiung für den Ehegatten, in Höhe von 500.000 Euro, richtet sich nach den Steuerfreibeträgen aus § 16 Abs. 1 Nr. 1 ErbStG.
[34] Vgl. Meincke (2012), ErbStG, § 5, Rdnr. 1. Zur güterrechtlichen Lösung vgl. Kap. 2.1.2 Güter-rechtlicher Zugewinnausgleich.

8

einschließlich jeglicher Vorschenkungen (§ 14 ErbStG) die persönlichen Freibeträge (§§ 16, 17 ErbStG) nicht überschreiten wird, kann eine Berechnung der fiktiven Ausgleichsforderung unterbleiben (R E 5.1 Abs. 1 ErbStR 2011).

Schlägt der überlebende Ehegatte allerdings das Erbe aus oder wird dieser nicht Vermächtnisnehmer, kommt es wie schon gezeigt zur güterrechtlichen Abwicklung des Zugewinnausgleichs und der tatsächliche Zugewinn gilt nicht als Erwerb im Sinne des § 3 ErbStG.

Abb. 3: Steuerbefreiung des Zugewinnausgleichs

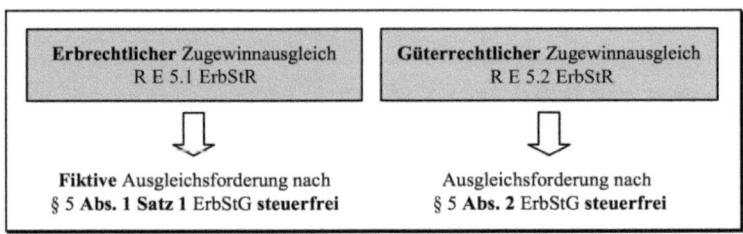

Quelle: Überarbeitete Darstellung nach Djanani (2006), S. 271

3.2.2 In der Gütertrennung

Tritt im Güterstand der Gütertrennung der Erbfall ein, gilt es zu beachten, dass der gesamte Nachlass des Verstorbenen zum steuerbaren Erwerb gem. § 3 ErbStG gehört. Um diesen Fall zu umgehen, könnte es sinnvoll sein, im Ehevertrag eine „modifizierte Zugewinngemeinschaft" zu vereinbaren, die einen Zugewinnausgleich für den Erbfall zulässt, für den Scheidungsfall jedoch ausschließt.[35] Diese Gestaltungsmöglichkeit führt zur bereits erwähnten Steuerbefreiung für den fiktiven Zugewinn nach § 5 Abs. 1 ErbStG (ebd.).

3.2.3 In der Gütergemeinschaft

Endet die Ehe im Güterstand der Gütergemeinschaft durch Tod, fällt der Anteil des Verstorbenen am Gesamtgut in seinen Nachlass (§ 1482 BGB). Auch sein Vorbehaltsgut und sein Sondergut fallen in den Nachlass und gelten für den verbleibenden Ehegatten als steuerbarer Erwerb gem. § 3 Abs. 1 Nr. 1 ErbStG.[36] Vereinbaren die

---

[35] Vgl. de Hesselle in: Scholz u.a. (Hrsg.), 2017, Praxishandbuch Familienrecht, Teil S, Rdnr. 331.
[36] Vgl. Gottschalk in: Troll u.a. (Hrsg.), 2017, ErbStG, § 4, Rdnr. 108.

Eheleute allerdings noch zu Lebzeiten, dass die Gütergemeinschaft im Todesfall eines Partners fortgesetzt werden soll („Fortgesetzte Gütergemeinschaft" gem. §§ 1483 ff. BGB), wird der Gesamtgutsanteil des Verstorbenen so behandelt, als wäre er ausschließlich seinen anteilsberechtigten Abkömmlingen zugefallen (§ 4 Abs. 1 ErbStG).[37] Damit meint der Gesetzgeber, dass der überlebende Ehegatte nicht zu den Erwerbern des Nachlasses gehört. Im Ergebnis wird die Gütergemeinschaft zwischen dem überlebenden Gatten und den Abkömmlingen (als Sonderrechtsnachfolger) fortgeführt. Dies hat allerdings entgegen des Zivilrechts nicht zur Folge, dass kein Erbfall eintritt.[38] Die Abkömmlinge erhalten durch § 4 ErbStG, als Ergänzungstatbestand zu § 3 Abs. 1 Nr. 1 ErbStG, zum Zwecke der Besteuerung vielmehr einen Erwerb von Todes wegen.[39] Zum verbleibenden Ehegatten gilt es bei der fortgesetzten Gütergemeinschaft noch zu beachten, dass dieser für das vermachte Sonder- und Vorbehaltsgut einen eigenen Erwerb von Todes wegen (im Sinne des § 3 Abs. 1 ErbStG) erhält (ebd.).

3.3 Beendigung des Güterstands in anderen Fällen

3.3.1 In der Zugewinngemeinschaft

Endet die Ehe und damit der gesetzliche Güterstand der Zugewinngemeinschaft durch Scheidung oder Aufhebung, gehört gem. § 5 Abs. 2 ErbStG die Ausgleichsforderung (§ 1371 Abs. 2 BGB) des weniger vermögenden Geschiedenen nicht zu seinem steuerpflichtigen Erwerb im Sinne der §§ 3, 7 ErbStG. Auch nach Beendigung des Güterstands und der daran anschließenden Neubegründung der Zugewinngemeinschaft durch Ehevertrag („Güterstandsschaukel"), entschied der BFH, dass die Ausgleichsforderung nicht steuerbar sei.[40]

3.3.2 In der Gütertrennung

Lassen sich Ehegatten im Güterstand der Gütertrennung scheiden, wird kein steuerlicher Tatbestand verwirklicht, da die Vermögensmassen getrennt waren. Unbe-

---

[37] Vgl. Meincke (2012), ErbStG, § 4, Rdnr. 6.
[38] Vgl. ebd., Rdnr. 3. „Die Abkömmlinge [...] erwerben den Anteil nicht im Wege der Erbfolge, sondern kraft Güterrechts."
[39] Vgl. de Hesselle in: Scholz u.a. (Hrsg.), 2017, Praxishandbuch Familienrecht, Teil S, Rdnr. 361.
[40] Vgl. ebd., Rdnr. 326; BFH 12.07.2005, II R 29/02, BStBl. II 2005, S. 843.

achtlich für die Besteuerung bleibt es auch, wenn im Laufe der Ehe, in den Güterstand des Zugewinnausgleichs gewechselt wird, da auch dieser dem System der
Gütertrennung zuzuordnen ist.[41] Anders verhält es sich jedoch, wenn die Eheleute
in den Güterstand der Gütergemeinschaft wechseln.[42]

3.3.3 In der Gütergemeinschaft

Auch bei Beendigung der Gütergemeinschaft gibt es steuerlich wenig zu beachten.
Wird die Ehe dabei durch Scheidung oder Aufhebung beendet, findet die gesetzliche Vermögensauseinandersetzung nach § 1471 BGB statt.[43] Sind die Gesamtver-
bindlichkeiten abgezogen, wird der verbleibende Betrag hälftig auf die Geschiedenen aufgeteilt (§ 1476 BGB), nachdem die zuvor in die Gütergemeinschaft einge-
brachten Vermögensgegenstände erstattet wurden (§ 1478 BGB). Endet die Gütergemeinschaft durch den Wechsel in einen der anderen beiden Güterstände, liegt
insofern keine Schenkung vor, als dass die Vermögensverteilung hälftig erfolgt.[44]

4 Schlussbetrachtung

Rückblickend bleibt zu sagen, dass die Wahl des Güterstands zu Beginn der Ehe
erhebliche Auswirkungen auf die spätere Besteuerung von Schenkungen zwischen
den Ehegatten als auch bei Erbschaften nach Beendigung der Ehe hat. Jede der
Gestaltungsmöglichkeiten hat seine Vor- und Nachteile und sollte sowohl zivil-
als auch steuerrechtlich im Einzelfall gewürdigt werden. Insbesondere bei großen
Vermögen oder familiengeführten Unternehmen eröffnen sich diverse Gestaltungsmöglichkeiten, die zur Vermögenserhaltung, im Sinne einer geringen Besteuerung, beitragen können.

---

[41] Vgl. Kap. 2 Eheliche Güterstände im Zivilrecht.
[42] Vgl. Kap. 3.1 Schenkungsteuer.
[43] Vgl. Djanani (2006), S. 243.
[44]Vgl. Fleischmann (2002), S. 4048.

Literaturverzeichnis

A. Monographien und Beiträge in Handbüchern und anderen Sammelbänden

de Hessele, Vera (2017): Kommentierung zu Teil S in: Scholz, Harald und Bergmann, Margarethe (Hrsg.), Praxishandbuch Familienrecht. 32. Erg.-Lfg., C.H. Beck: München.

Djanani, Christiana u.a. (2006): Erbschaftsteuerrecht. Grundlagen für Studium und Steuerberaterprüfung. 1. Aufl., Betriebswirtschaftlicher Verlag Dr. Th. Gabler | GWV Fachverlage GmbH: Wiesbaden.

Fleischmann, Michael (2002): Der eheliche Güterstand und dessen Auswirkungen auf die Besteuerung der Eheleute sowie deren Nachfolgeplanung. In: *NWB - Steuer- und Wirtschaftsrecht*, Ausgabe 48, S. 4048.

Gebel, Dieter (2017): Kommentierung zu § 7 ErbStG in: Troll, Max u.a. (Hrsg.), Erbschaftsteuer- und Schenkungsteuergesetz. Kommentar. Stand: Juni 2017 (53. Erg.-Lfg.), Vahlen: München.

Gottschalk, Paul Richard (2017): Kommentierung zu § 4 ErbStG in: Troll, Max u.a. (Hrsg.), Erbschaftsteuer- und Schenkungsteuergesetz. Kommentar. Stand: Juni 2017 (53. Erg.-Lfg.), Vahlen: München.

Gottwald, Peter (2017): Kommentierung zu VO (EU) 1215/2012 Art. 1 in: Rauscher, Thomas u.a. (Hrsg.), Münchener Kommentar zur Zivilprozessordnung: mit Gerichtsverfassungsgesetz und Nebengesetzen. 5. Auflage, C.H. Beck: München.

Kanzleiter, Rainer (2017): Kommentierung zu § 1417 BGB in: Säcker, Franz Jürgen u.a. (Hrsg.), Münchener Kommentar zum Bürgerlichen Gesetzbuch. 7. Auflage, C.H. Beck: München.

Koch, Elisabeth (2017): Kommentierung zu § 1363 BGB, Einleitung zu Titel 6. Eheliches Güterrecht in: Säcker, Franz Jürgen u.a. (Hrsg.), Münchener Kommentar zum Bürgerlichen Gesetzbuch. 7. Auflage, C.H. Beck: München.

Meincke, Jens Peter (2012): Erbschaftsteuer- und Schenkungsteuergesetz. Kommentar. 16. Aufl., C.H. Beck: München.

B. Internetquellen

SPIEGEL ONLINE (URL2017): Kohl-Erbe: Eine Million Euro für die Söhne und
    Enkel. SPIEGEL ONLINE. http://www.spiegel.de/politik/deutschland/helmut-
    kohl-soehne-walter-und-peter-bekommen-eine-million-euro-a-1172958.html
    (15. Oktober 2017).

C. Gesetze und Entscheidungen oberster Gerichte

1.   Gesetze

Gesetz zur Änderung des Zugewinnausgleichs- und Vormundschaftsrechts (vom
    06.07.2009, BGBl. I S. 1696).

2. Entscheidungen des Bundesfinanzhofs

BFH	17.10.2007	II R 53/05	BStBl. II 2008, S. 256
BFH	12.07.2005	II R 29/02	BStBl. II 2005, S. 843
BFH	02.03.1994	II R 59/92	BStBl. II 1994, S. 366

3. Entscheidungen des Bundesgerichtshofs

BGH	13.07.1994	FamRZ 1994, 1167	NJW 1994, 2545